PAUL BONNETAIN

Après le Divorce

PIÈCE EN UN ACTE, EN PROSE

*Représentée pour la première fois au Théâtre d'Application,
le jeudi 16 janvier 1890.*

PRIX : UN FRANC

PARIS
ALPHONSE LEMERRE, ÉDITEUR
23-31, PASSAGE CHOISEUL, 23-31

M DCCC XC

Après le Divorce

PIÈCE EN UN ACTE, EN PROSE

DU MÊME AUTEUR

LE TOUR DU MONDE D'UN TROUPIER (épuisé)...	1 vol.
UNE FEMME A BORD (épuisé)...	1 vol.
CHARLOT S'AMUSE...	1 vol.
AUTOUR DE LA CASERNE...	1 vol.
AU TONKIN...	1 vol.
L'OPIUM...	1 vol.
EN MER...	1 vol.
LE NOMMÉ PERREUX...	1 vol.
AMOURS NOMADES...	1 vol.
PASSAGÈRE, roman (chez A. Lemerre), sous presse...	1 vol.

VOLUMES ILLUSTRÉS

L'EXTRÊME-ORIENT...	1 vol.
HISTOIRE D'UN PAQUEBOT...	1 vol.

THÉÂTRE

LA PELOTE, pièce en trois actes, en prose, en collaboration avec M. L. Descaves (chez A. Lemerre)...	1 vol.

Tous droits réservés.

PAUL BONNETAIN

Après le Divorce

PIÈCE EN UN ACTE, EN PROSE

Représentée pour la première fois au Théâtre d'Application, le jeudi 16 janvier 1890.

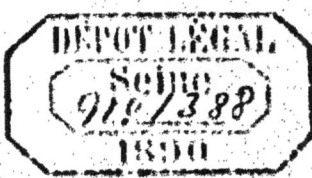

PARIS

ALPHONSE LEMERRE, ÉDITEUR

23-31, PASSAGE CHOISEUL, 23-31

M DCCC XC

A MADAME ALPHONSE DAUDET

Chère Madame,

Permettez-moi de vous dédier, en témoignage de reconnaissance, ce petit acte, écrit, sur votre demande, pour votre salon, et mon début véritable au théâtre.

Et veuillez bien croire, je vous prie, à mon respectueux dévouement.

PAUL BONNETAIN.

Paris, 22 janvier 1890.

PERSONNAGES

BLAISY, père, 55 ans . . M. RAYMOND*   M. RAYMOND
                        de l'Odéon.   de l'Odéon.

RENÉ BLAISY, le fils,
26 ans. . . . . M. ANTOINE   M. GRAND
                        du Théâtre Libre. du Théâtre Libre.

MADAME BLAISY,
45 ans. . . . . Mlle BARNY   Mlle DERIGNY
                        du Théâtre Libre. de l'Odéon.

A Paris, en 1889.

* La première distribution est celle de la création dans e salon de M. et Mme Alphonse Daudet, le 19 avril 1888 ; — la seconde celle de l'unique représentation publique, au Théâtre d'Application, le 16 janvier 1890.

Après le Divorce

Un salon fumoir dans un appartement de garçon. Portes au fond et à gauche. Cheminée à droite. Panoplie d'armes contre un mur. Le portrait de Mme Blaisy accroché bien en vue. Nécessaire de fumeur et boîte à cigares ouverte sur une petite table. — Au lever du rideau, René Blaisy, en veston du matin, le bras droit en écharpe, est assis, la tête baissée. Près de lui, sur une table, des lettres, des journaux encore sous bande et un service à thé.

SCÈNE PREMIÈRE

RENÉ, *seul. On entend un bruit de voix. Il lève la tête, l'air impatienté.*

Qu'est-ce qu'il y a encore?... C'est vous, Jean?

SCÈNE II

RENÉ, MONSIEUR BLAISY.

MONSIEUR BLAISY, *entrant au fond.*

Ne gronde pas ton domestique... C'est moi! J'ai forcé la consigne! *(Il se dirige vers René qui se lève en dissimulant mal sa contrariété.)* Je voulais prendre de tes nouvelles... *(Lui tendant la main.)* Ce n'est rien, au moins, cette blessure?...

RENÉ, *après une poignée de main glaciale.*

Non, rien... Je vous remercie, mon père.

MONSIEUR BLAISY, *l'air peu à peu gêné de l'accueil de son fils.*

Une piqûre à la face interne de l'avant-bras, n'est-ce pas?... J'ai lu ça dans les journaux. On m'a félicité au cercle... Mon jeune coq fait parler de lui!... Dis donc, mais c'est la seconde fois que tu vas sur le terrain! Tu as déjà eu un duel pendant ton volontariat?

RENÉ.

Oui... Oh! sans importance.

MONSIEUR BLAISY.

On t'avait cherché querelle, je crois, tandis que, cette fois, c'est toi qui as provoqué ton adversaire?... Tu le détestais donc bien, ce petit Vermot?

RENÉ.

Moi?... Non!...

MONSIEUR BLAISY.

Encore une histoire de femme, je parie?

RENÉ, *avec amertume.*

Oui!

MONSIEUR BLAISY.

Ah! mon gaillard?... Sais-tu que j'ai bien envie de te faire de la morale? Une fois comme ça, en passant.

RENÉ, *même ton.*

En passant!... De même que vous êtes venu prendre de mes nouvelles en passant!

MONSIEUR BLAISY.

Oh! oh! mon petit René, tu n'as pas l'air aimable, ce matin!... Tu es bien certain, j'espère, que je serais arrivé ici tout de suite si le procès-verbal de ta rencontre ne m'avait rassuré sur ta blessure?... Est-ce que tu souffres de ton bras?

RENÉ.

Non. *(Montrant son écharpe.)* Ce n'est rien! un bobo!

MONSIEUR BLAISY, *s'approchant et lui prenant la main.*

Mais tu as l'air malade!... Voyons, tu souffres? *(Lui prenant le pouls.)* Pourquoi donc cette mine de déterré?

RENÉ, *voulant se lever.*

Je vais très bien..., très bien..., je vous jure.

MONSIEUR BLAISY, *le forçant doucement à se rasseoir.*

Tu as du chagrin, alors!... ELLE t'a trompé! C'est ça, n'est-ce pas? Et tu te désoles! Mais, enfant que tu es, c'est la vie, ça, d'être trompé par les femmes! A ton âge, on n'en souffre déjà plus : on le leur rend!... Et même, les gens de précaution les trompent les premiers, par amour-propre!

RENÉ.

Je crois, voyez-vous, que nous ne plaçons pas notre amour-propre de même façon.

MONSIEUR BLAISY.

Parbleu! le tien, vilain garçon, c'est de l'orgueil!

RENÉ.

Soit! c'est du reste une force, l'orgueil, et une forme de l'honneur!

MONSIEUR BLAISY.

On en souffre!

RENÉ, *se levant.*

Mieux vaut souffrir que faire souffrir les autres!

MONSIEUR BLAISY.

En voilà de grands mots, mon pauvre René! et pour une amourette!... Tu as vingt-six ans, du talent, une jolie situation; tout te sourit, et parce qu'une femme t'a...

RENÉ.

Mais, mon père, c'est vous qui supposez cela!

MONSIEUR BLAISY.

Je suppose!... Je suppose! Il faut bien te faire parler, puisque tu caches tes secrets!... Il faut bien que je m'explique ton accueil! Tu me reçois si aimablement!

RENÉ.

C'est vrai, je vous demande pardon, mais je suis un peu nerveux, ce matin,... un peu fatigué... Asseyez-vous donc, mon père...

MONSIEUR BLAISY.

Merci...

RENÉ.

Voulez-vous, je vous prie, prendre un cigare? *(Il lui montre la boîte.)*

MONSIEUR BLAISY, *prenant un cigare, en coupant le bout et s'asseyant en face de lui.*

C'est le docteur Fleury qui te soigne?

RENÉ.

Oui... *(A la dérobée il regarde l'heure à sa montre.)*

MONSIEUR BLAISY, *surprenant ce geste.*

Bête que je suis!... Tu attends quelqu'un et je te gêne!... Tu as donc peur de ton père, à présent? Pourquoi ne pas me le dire? Moi qui te consolais, j'aurais déjà filé, si tu m'avais dit que tu n'en avais pas besoin! Heureusement qu'elles sont toujours en retard!... *(Il allume son cigare.)*

RENÉ, *nerveux.*

Je le regrette, mais c'est encore une fausse supposition... J'attends bien quelqu'un..., avec qui je ne désirerais pas vous faire rencontrer..., mais ce n'est pas ce que vous croyez... Une amie seulement..., une amie! *(Il s'assoit.)*

MONSIEUR BLAISY.

Ah! *(Tout en regardant le jeune homme qui laisse retomber sa tête dans sa main et fixe le parquet, il va reprendre sa canne et son chapeau.)* Eh bien! au revoir, René! Je reviendrai quand tu seras d'humeur plus gracieuse!

RENÉ.

Mon père... *(Se levant.)* Il faut m'excuser. *(Mouvement de monsieur Blaisy.)* Si!... Restez, je vous prie : j'ai un quart d'heure de libre encore... Et ne m'en veuillez pas... *(Monsieur Blaisy se rapproche et le regarde. Il détourne les yeux.)* Est-il bon, au moins, votre cigare?

MONSIEUR BLAISY.

Je ne sais pas... *(Il le pose et lui touche l'épaule)* :
René!

RENÉ.

Mon père?

MONSIEUR BLAISY.

Pourquoi mens-tu?

RENÉ, *l'air gêné.*

Je mens, moi? mais je ne vous ai rien dit!

MONSIEUR BLAISY.

Mais regarde-moi donc en face! Tu sais bien qu'on ment sans parler! Tu ne m'as rien dit! Donc tu avais quelque chose à me dire! Pourquoi ne me le dis-tu pas? Pourquoi dissimules-tu, toi qui dissimules si mal? Tiens, tu m'impatientes! Autrefois d'abord tu m'appelais : *papa* et non pas : *mon père!* « Mon père!... » Il est agaçant, ton : « mon père » cérémonieux, entends-tu?

RENÉ.

Mais « papa », ou « mon père », c'est la même chose...

MONSIEUR BLAISY.

Non, ce n'est pas la même chose! Et quand cela serait la même chose, le ton aurait toujours changé! *(S'ani-*

mant.) C'est ta mère, sans doute, qui t'a dit de me traiter ainsi ?

RENÉ, *se levant, très grave.*

Ah ! pardon !... Je vous appellerai papa si vous y tenez, mais ne mêlez pas ma mère à nos discussions. Je ne vous demande que ça !... que ça !

MONSIEUR BLAISY, *s'animant.*

Alors, qu'elle me laisse mon fils ! qu'elle ne travaille plus à m'aliéner...

RENÉ.

Il me semble cependant qu'elle vous le laisse, votre fils ! Nos relations, malgré votre divorce, le prouvent assez ! Que voulez-vous de plus, et pourquoi l'accusez-vous de nous séparer ?... Ai-je jamais cessé d'aller vous voir, et ne vous ai-je pas toujours ouvert les bras chaque fois qu'il vous a plu de vous rappeler où j'habite ?

MONSIEUR BLAISY.

Pas aujourd'hui, en tout cas !... Tais-toi donc, va ! Je t'ai déjà dit que tu ne savais pas mentir. D'abord, si je voulais me rappeler tout !... Tu n'as pas attendu notre divorce. Tu étais encore enfant quand ta mère s'est mise entre nous...

RENÉ.

Mon père, je vous ai déjà prié de ne pas me parler d'elle... Et puis, à quoi bon réveiller le passé ? Il n'est pas si gai !

MONSIEUR BLAISY, *s'animant davantage.*

Pourquoi m'y forces-tu ? Pourquoi n'es-tu plus le même ? A mesure que tu as grandi, ton affection pour moi est allée en diminuant. Tes études finies, il ne t'en est rien resté qu'une amitié banale ; eh bien, je m'en contentais, justement pour ne pas le remuer, ce passé, et parce que je ne voulais pas troubler ton existence ; mais voilà, tu m'as sevré davantage, et à l'époque précisément où je pensais que, dégagé des jupes maternelles, connaissant enfin la vie, tu n'aurais plus l'enfantillage de vouloir juger ton père !...

RENÉ.

Je ne vous ai pas jugé.

MONSIEUR BLAISY.

Si ! tu m'as jugé et tu m'as donné tort sans m'avoir entendu !

RENÉ.

Je suis resté neutre...

MONSIEUR BLAISY.

Un neutre n'a pas de préférences, — ou les cache mieux !

RENÉ.

Vous êtes oublieux, mon père. Si j'ai eu ce que vous appelez des préférences, elles sont allées du côté où l'on pleurait ! du côté où l'on avait besoin de moi !... J'ai fait mon devoir.

MONSIEUR BLAISY.

Et moi ? je ne l'ai donc pas fait ?... Réponds !

RENÉ.

Je n'ai pas à vous juger, vous venez de le dire.

MONSIEUR BLAISY, *haussant les épaules.*

Et, sans doute, tes préférences sont allées aussi du côté où l'on t'aimait le mieux ?

RENÉ.

Je n'ai pas dit cela.

MONSIEUR BLAISY.

Non, mais tu le penses !

RENÉ.

Je pense que ma mère m'aimait et m'aime différemment, voilà tout... Mais, encore une fois, pourquoi revenir sur tout cela ? *(Avec amertume.)* Vous oubliez d'abord que le tribunal lui-même me dictait ces prétendues préférences : c'est à ma mère qu'il m'a confié !...

MONSIEUR BLAISY.

Je l'attendais !... Eh ! pauvre fou, qu'est-ce que ça prouve, une décision des magistrats ? Ils ont eu égard à ton âge, à la nécessité des soins maternels. Et tu pars de là pour partager arbitrairement entre ton père et ta mère !...

RENÉ, *souriant tristement.*

Chut, mon père! Il m'a bien fallu, à vingt ans, apprendre des choses... *(Mouvement violent de monsieur Blaisy.)* Enfin, mon père, où voulez-vous en venir? *(Avec une nuance d'impatience.)* Pourquoi cette jalousie? Avez-vous à me reprocher quelque chose! Ah! mon accueil ce matin? Eh bien, oui, je suis malade, là! Demain,... dans quelques jours,... dans quelque temps, vous me reverrez tel qu'avant...

MONSIEUR BLAISY, *ricanant.*

Tel qu'avant!

RENÉ.

Eh oui, tel qu'avant! *(Il se lève et fait quelques pas fébrilement.)* Que vous prend-il donc?

MONSIEUR BLAISY.

Il me prend... Il me prend que tu me détestes et que, ce matin, tu me le montres trop! Je suis ton père, tu l'oublies!

RENÉ.

Je ne l'oublie pas, au contraire! Laissons cela, tenez! vous me feriez dire que c'est vous qui l'avez trop longtemps oublié.

MONSIEUR BLAISY.

Hein! c'est encore un mot de ta mère, cela! Eh bien,

je vais la voir, ta mère, et lui dire qu'elle n'a pas le droit, m'entends-tu, de te dicter...

RENÉ, *vivement.*

Vous ne ferez pas cela ! C'est faux, d'abord. Ma mère ne m'a appris qu'à vous aimer et qu'à vous respecter.

MONSIEUR BLAISY.

Me respecter ! Et je m'en moque, de ton respect ! *(Passant de la colère à l'attendrissement.)* Ne me respecte pas et embrasse-moi !... *(Il va vers René qui baisse la tête et semble ne pas voir ses bras tendus.)* René ! Mon petit René, tu ne comprends donc rien ? Mais regarde-moi donc : je vieillis, je suis seul... Il y a des jours, vois-tu, comme celui-ci, où la vie me pèse, où tout me manque, où je donnerais la moitié de mon sang pour avoir quelque chose de bon, de vrai, de propre à aimer,... pour t'avoir là, tiens ! *(Il le serre contre lui.)* Est-ce une vie que la mienne ? Tout m'a raté : le mariage, le plaisir, l'ambition... Je te dis tout, à toi : tu es un grand garçon,... tu es sérieux comme je ne l'ai jamais été,... tu comprends... Oh ! t'avoir là, comme ça ! Ce serait bon de retrouver son fils ! *(Il cherche à l'étreindre.)*

RENÉ, *touché, mais se refusant encore.*

Papa !...

MONSIEUR BLAISY.

Alors tu veux m'aimer un peu comme quand tu étais petit, tout petit, avant toutes les misères ? Tu n'auras plus pour moi une affection de convenance, un respect de convenance, mais un peu de tendresse?... *(René se dégage.)* Ah! tu ne veux pas!... Je viens trop tard, n'est-ce pas? *(René fait un geste qui semble dire oui et marque simplement son accablement; son père se recule.)*

RENÉ.

Non, vous ne venez pas trop tard, mais à une mauvaise heure, dans un mauvais jour!... Voyez-vous, mon père, aujourd'hui je suis malheureux, je souffre... Il vaut mieux que nous nous séparions... Je vous ferais malgré moi de la peine... Plus tard. *(Il regarde la pendule.)* Et puis, je vous l'ai dit, je ne suis pas libre ce matin... *(Il va vers la porte, l'ouvre et crie:)* Jean, vous ferez entrer dans mon cabinet.

SCÈNE III

LES MÊMES, LE DOMESTIQUE, *au dehors*.

LA VOIX DU DOMESTIQUE, *au dehors*.

Oui, monsieur.

MONSIEUR BLAISY, *à René qui revient vers lui*.

Je ne te croyais pas cruel.

RENÉ.

Cruel!... moi? Ah! mon pauvre père!

MONSIEUR BLAISY, *essuyant un commencement de larme et prenant son chapeau.*

Enfin!... C'est la vie qui veut ça, n'est-ce pas?... Je ne t'en veux pas tout de même... *(Il fait deux ou trois pas en boutonnant ses gants.)* Tu serreras la main au docteur pour moi. Et qu'il vienne me voir... L'estomac, tu sais!...

RENÉ.

Je n'y manquerai pas.

MONSIEUR BLAISY, *pirouettant sur ses talons, puis revenant.*

Dis donc, mon enfant, c'est assez 1890, la petite scène que nous venons de jouer! Le père divorcé s'attendrissant chez son fils, et le fils le congédiant parce qu'il attend une... amie!... Enfin! *(Il lui tend la main.)* Au revoir, mon petit René.

RENÉ, *lui serrant la main comme à la scène IIe.*

Vous pouviez mieux sortir, mon père! Vous m'aviez remué, tout à l'heure... Enfin! comme vous dites!... Au fond, tenez, ça vaut mieux, vous m'enlevez un regret...

MONSIEUR BLAISY.

Quel regret, s'il te plait?

RENÉ.

Je me serais reproché d'avoir paru insensible, d'avoir paru rancunier!

MONSIEUR BLAISY.

Rancunier de quoi, dis donc?

RENÉ.

Rien..., je n'ai rien dit. Au revoir.

MONSIEUR BLAISY, *violemment.*

Et moi je veux que tu t'expliques, je le veux!

RENÉ, *violemment, mais d'un ton plus contenu.*

Vous le voulez? Vous le... *voulez?* Je ne suis plus un enfant, mon père! Je suis doublement émancipé : par l'âge et par notre situation. Et je souffre assez de celle-ci pour en retirer au moins les avantages!

MONSIEUR BLAISY.

Tu en souffres!... Tu plaisantes, je pense! En quoi ça peut-il bien te faire souffrir que ton père et ta mère aient divorcé? Encore si tu étais une fille! Dis donc! est-ce que ça t'a gêné dans tes examens? Est-ce que ça t'a empêché de percer ton trou, de te faire un nom? Quand tu étais tout petit, tu voulais ta mère à toi tout seul : eh bien, tu l'as! Qu'est-ce qu'il te manque encore? Ma parole, je ne te reconnais plus : tu ne vas pas me servir un article de journal contre le divorce, n'est-ce pas? Et ce n'est pas ta mère qui se plaint non plus. Alors quoi? Non, avec tes airs de victime tu me ferais rire! Ne dirait-on pas que tu es disqualifié dans la vie, parce que papa et maman se sont séparés et, s'il te plaît, à un moment où tu étais déjà grand, quand tu n'avais plus besoin de les avoir tous deux à la fois!... T'a-t-on boudé dans le monde. *(Montrant le bras en écharpe.)* Et le petit Vermot a-t-il refusé d'aller avec toi sur le pré parce que c'est à ton bras et non au mien que ta mère entre chez sa mère?

RENÉ, *avec amertume.*

Il y a d'autres refus que celui-là! j'en sais quelque chose!

MONSIEUR BLAISY.

Lesquels? Qu'est-ce qu'on t'a refusé, dis?

RENÉ, *avec emportement.*

Vous voulez le savoir : eh bien, tant pis, mon père, vous le saurez... On m'a refusé le bonheur! entendez-vous! On m'a refusé une jeune fille que j'aimais. On me l'a refusée comme à un paria, comme on ne la refuserait pas à un bâtard!... Vous me croyez fou, n'est-ce pas? C'est que vous ne saviez rien. Oui, un roman de six mois, le bonheur, vous dis-je! Quelque chose comme je n'aurais pas osé le rêver et qui m'aurait fait sourire, lu dans un livre. Il paraît, vous voyez bien, que ça arrive, ces choses! ça arrive, oui, mais ça ne dure pas! On me l'a refusée, il y a deux jours, malgré elle, malgré tout, malgré que ce mariage, au point de vue fortune, situation et à tous les points de vue, dût, comme on dit, convenir aux deux familles! Et quand j'ai voulu savoir pourquoi l'on m'éconduisait, je n'ai obtenu que des mensonges ambigus. Eh bien, mon père, j'ai cherché, j'ai fait parler et j'ai appris...

MONSIEUR BLAISY.

Quoi?

RENÉ.

Qu'on me refusait... à cause de vous!

MONSIEUR BLAISY.

A cause de moi!!!

RENÉ.

Oui, à cause de votre vie d'homme de plaisir, à cause de votre divorce... Qu'est-ce que vous voulez que je vous dise de plus?... Vous prétendiez tout à l'heure que je ne vous aimais pas... Si je ne vous aimais pas, je n'aurais pas hésité à tout vous dire. J'ai voulu vous le cacher... Il a fallu que vous veniez ce matin, vous qui venez tous les trois mois! Il a fallu que justement, sans deviner mon deuil, vous fussiez plus exigeant que d'habitude!... Vous m'avez forcé à parler!... Ne m'en veuillez pas, allez! je suis si malheureux! (*Il retombe accablé sur son fauteuil et se cache la tête comme pour pleurer.*)

MONSIEUR BLAISY.

Mais, René, c'est de la folie. (*Il lui fait redresser la tête.*) Chez quels sauvages étais-tu tombé? Voyons, comment s'appellent-ils?

RENÉ.

A quoi bon les nommer?

MONSIEUR BLAISY.

Mais si... Ah! je veux les connaitre, ces puritains! Je veux leur dire... Alors c'est toi qui expierais?... Mais es-tu sûr, au moins?

RENÉ.

Oui!... le petit Vermot a bavardé : de là notre duel. D'ailleurs la mère de la jeune fille a fini par me balbutier que le refus ne s'adressait pas à moi, mais à ma famille!... A ma famille!... C'est en effet notre nom dont on ne veut pas! Il a trop traîné à la rubrique des tribunaux, Chambre des divorces. Les grands-parents déshériteraient la jeune fille... Je l'aurais, parbleu, bien prise sans dot; mais on m'a trouvé trop pauvre pour deux.

MONSIEUR BLAISY.

C'est vrai! je t'ai aussi ruiné!

RENÉ, *avec feu.*

O papa, vous savez bien que ça, je ne vous le reprocherai jamais.

MONSIEUR BLAISY, *avec colère.*

Ça, non; mais le reste! Appelle-moi donc père dénaturé! Tu le penses!

RENÉ, *tristement.*

Vous me voyez malheureux et vous me parlez ainsi!

Puisque je ne vous reproche rien! Vous ne pouviez pas prévoir, n'est-ce pas? On doit à ses enfants un nom, des aliments, de l'instruction : vous m'avez donné tout cela. Je n'aurais pas le droit d'exiger davantage... Pourquoi vous mettre en colère? C'est fait! c'est fait! Je tâcherai d'oublier...

MONSIEUR BLAISY, *après un silence*.

Ta mère sait ton échec?

RENÉ.

Oui, je lui ai avoué hier quand elle est arrivée, au premier bruit de mon duel...

MONSIEUR BLAISY.

Et qu'a-t-elle dit?

RENÉ.

Elle a pleuré.

MONSIEUR BLAISY.

Elle a pleuré!... elle a pleuré!... Les femmes ne savent que pleurer!

RENÉ.

Que vouliez-vous qu'elle fît? qu'elle récriminât? Vous la jugiez mal tout à l'heure, la pauvre femme. Dans son désespoir elle n'a pas laissé échapper un seul mot contre vous, un seul!

MONSIEUR BLAISY, *violemment*.

Il n'aurait plus manqué que ça!... Qu'elle pleure, c'est ce qu'elle a de mieux à faire!

RENÉ.

Non! vous êtes trop dur, à la fin! Restons-en là, mon père. Je vous avais prié, par deux fois, de ne pas me parler d'elle. Vous l'oubliez et vous me chagrinez à plaisir. Comment voulez-vous que je demeure neutre? Comment voulez-vous, surtout aujourd'hui, que je ne compare pas?

MONSIEUR BLAISY.

Alors tu juges? Tu vois bien que tu juges! Et c'est moi que tu fais seul responsable de ce qui t'arrive? Tu as raison, va, laisse-moi partir! Tu me ferais dire ce que je ne veux pas dire...

RENÉ.

Eh! dites, au contraire! dites! Puisque vous croyez que je vous juge, défendez-vous, mais laissez ma mère hors du débat! Tenez, à cette place même, avant-hier, comme je m'emportais contre vous, — j'étais dans mon premier désespoir et comme fou devant ma vie perdue... — elle m'a fait taire : « C'est ton père, m'a-t-elle dit, et j'ai bien pardonné, moi! »

MONSIEUR BLAISY, *avec éclat*.

Et tu as obéi! Le fils a excusé le père!... Ah! c'est trop

fort!... Tu as cru ça, toi, tu l'as cru? Tu n'as pas vu qu'elle redoutait un partage de responsabilités? Eh bien! non, non, tu sauras!... Parbleu! je l'avais bien prévu! Je me doutais qu'un jour il arriverait ce qui arrive; aussi me suis-je précautionné avant de plaider en divorce! J'ai des preuves, une lettre d'elle constatant notre convention! Je devais me donner tous les torts, entends-tu? tous! et ne parler des siens...

RENÉ, *s'avançant vers son père.*

Des siens?

MONSIEUR BLAISY, *toujours emporté.*

Des siens! Et je me les suis laissé donner tous! car j'avais dans ma poche, signé d'elle, librement, l'aveu de sa faute.

RENÉ, *plus près encore et hagard.*

De sa faute... à ma mère?

MONSIEUR BLAISY, *reculant, effaré de ce qu'il a dit, avec le jeu de physionomie d'un homme qui voudrait rattraper ses paroles, et presque à voix basse.*

Oui...

RENÉ, *avec explosion.*

Non!... non!... vous en avez menti!

MONSIEUR BLAISY, *se redressant et menaçant.*

René!

RENÉ.

Et frappez-moi donc!... Vous mentez!... Vous mentez!... *(Changeant de ton et suppliant.)* Oh! dites..., vous mentez?... Ce n'est pas vrai... Maman!... Vous mentez, n'est-ce pas? *(Avec fureur.)* Vous ne mentez pas? Et vous m'avez dit cela, à moi? Ah! mon père, c'est...

MONSIEUR BLAISY, *qui a reculé, se rapproche menaçant.*

C'est?

SCÈNE IV

Les Mêmes, MADAME BLAISY.

MADAME BLAISY, *entrant par la porte opposée à celle par où est entré son mari à la scène IIe, et venant du cabinet de travail de René.*

C'est lâche!

RENÉ.

Maman! maman! *(Il va vers elle, le mari et la femme se fixent. Il les regarde et recule.)* Oh! parle! *(Le mari et la femme se fixent toujours, muets; la femme supplie du regard* son mari de répondre, et lui, baisse les yeux, se tait.) Alors, c'est vrai?... C'est vrai?... *(Il vient tomber, les mains tordues, sur un siège au fond, à gauche.)*

MADAME BLAISY, *courant à lui, s'agenouillant et lui prenant la main.*

René !

RENÉ. *Il lui abandonne sa main, puis, tout à coup, se lève et la repousse.*

Allez-vous-en !... Allez-vous-en ! *(Madame Blaisy chancelle et pousse un cri déchirant. René va à son père.)* Et vous... et vous ! allez-vous-en !... Allez-vous-en, tous ! *(Il va et vient à grands pas, l'air fou. Le père recule vers la porte, non loin de laquelle il s'arrête, comme cloué au sol et regardant son fils. Le bandage du blessé est tombé dans la violence des mouvements d'ours en cage qu'a faits le jeune homme.)*

MADAME BLAISY, *apercevant l'écharpe pendante et courant à René.*

Ah ! tu vas te faire mal !...

RENÉ.

Va-t'en !

MADAME BLAISY.

Tout à l'heure ! *(Et malgré lui, elle lui replace le bras dans l'écharpe, après en avoir réassujetti rapidement le pansement. René, après la première révolte, se laisse faire.)*

RENÉ, *d'une voix d'enfant.*

Merci, maman... *(Puis, après un silence, et comme s'il découvrait seulement ses parents.)* Vous êtes encore là ? *(Monsieur Blaisy fait un pas vers la porte. Sa femme l'arrête d'un geste impérieux.)* Vous ne trouvez donc pas que j'aie encore assez souffert ?... Oh ! toi, maman !... toi !... toi !...

MADAME BLAISY, *après un grand sanglot, s'adressant à son mari.*

Êtes-vous satisfait ?... *(A René.)* Mon enfant...

RENÉ, *sans l'entendre.*

Ainsi, tu mentais ? Tu m'as toujours menti ! *(Il rit et se lève.)* Ah ! parbleu, les Richter avaient raison de me refuser leur fille !... Je ne savais pas, moi, tiens, et je leur en voulais ! *(Il s'arrête en passant devant sa mère.)* Et dire que je comptais sur toi pour aller chez eux, ce matin, essayer d'une dernière démarche !... *(A son père.)* Vous m'avez averti à temps ! Mais, dites-moi, vous avez oublié de préciser la date ! Est-ce que mon état-civil est exact ? *(Il va et vient tout en parlant.)*

MONSIEUR BLAISY, *à sa femme.*

Mais calmez-le donc !

RENÉ, *à son père.*

Et le nom ? Vous avez oublié le nom !... Vous ne parlez plus ? Vous ne pouvez plus pourtant me faire de mal ! *(A sa mère, tombée prostrée sur un fauteuil.)* Je t'aimais tant!... *(D'un geste d'habitude, il caresse les cheveux de sa mère, va pour les baiser et recule.)*

MADAME BLAISY.

Tais-toi! tu me tues! *(René secoue la tête, puis, immobile, joue avec un gland du coussin: il ne semble plus rien voir. Madame Blaisy se lève, va à son mari, le tire par la manche violemment.)* Mais dis-lui donc qu'il nous juge!

MONSIEUR BLAISY.

Vous êtes folle! *(Il fait quelques pas et s'arrête.)*

MADAME BLAISY.

Si! qu'il nous juge!... René, je t'en supplie, écoute-moi... Tu me condamneras après, mais écoute!...

MONSIEUR BLAISY.

Laissez-le donc; vous voyez bien qu'il va tomber...

RENÉ.

Pourquoi ne voulez-vous pas qu'elle parle? Vous m'avez bien parlé, vous!

MADAME BLAISY.

René, mon petit René... *(Des sanglots l'étouffent.)* Ah! je ne puis pas!... *(Elle est tombée sur un siège. Elle se relève et s'adresse à son mari.)* Mais dites-le-lui, vous! dites-le-lui! Vous savez bien comment cela s'est fait! Dites-le-lui et qu'il me haïsse ensuite... Tout! tout! mon Dieu! pourvu qu'il ne me méprise plus!... Je ne puis pas même mourir... Il faut qu'il sache avant! Il faut qu'il sache! *(A René.)* Écoute, puisqu'il ne veut pas, puisqu'il n'ose pas, je vais te dire, moi.... *(Elle passe la main sur ses yeux.)*

RENÉ, *brusquement.*

Quand était-ce? quand?...

MADAME BLAISY, *littéralement affolée, mourante de honte et de chagrin.*

Après toi... Tu avais cinq ans... *(René regarde son père.)* Tu avais cinq ans. Un jour *(elle parle vite, comme sans s'entendre et avec hâte d'en finir)*, deux ans plus tôt, il l'avait amené à la maison... Ils étaient amis d'enfance,... ils venaient de se retrouver...

RENÉ, *à son père.*

Son nom?... Bricey, n'est-ce pas?

MADAME BLAISY, *très bas.*

Oui.

RENÉ.

Celui-là! *(Il retourne la tête comme avec un dégoût.)* Il m'a aimé!

MADAME BLAISY, *plus vite.*

Oui, il t'a aimé... Ah! maintenant, je puis parler...

Écoute, René, tu ne sais pas cela, toi. Même quand tu as été grand, quand j'ai laissé échapper des plaintes, quand je t'ai laissé voir ma misère, je ne t'ai pas tout dit, tout montré... Ah! si je pouvais te raconter ma vie toute entière!... Quand il m'a prise *(elle montre son mari)*, j'avais dix-huit ans; j'avais juste la dot réglementaire; j'étais jolie. Je ne l'aimais pas, mais il me courtisait et je n'aimais personne. Est-ce que je savais ce que c'était, la vie? Je l'ai accepté; ma mère voulait, d'abord, et puis, j'étais contente de me marier... C'est banal, n'est-ce pas?... Attends!... Les premiers mois furent assez bons,... assez bons... Après les premières désillusions, voilà que je l'estimais : c'était mon mari! J'étais même fière de lui, parfois, après avoir souffert de le découvrir brutal... *(Monsieur Blaisy veut sortir; René lui fait signe de s'asseoir)*, brutal comme le soldat qu'il était resté sous l'épaulette. Et puis, j'étais enceinte de toi, mon René, et cela me consolait de tout... C'est quelque temps après ta naissance que mon supplice commença. Il m'avait emmenée chez ses parents, en Anjou. Dès mes relevailles, je compris que ceux-ci me desservaient auprès de lui. Je n'étais ni de leur religion, ni de leur pays; j'avais d'autres goûts; j'étais pauvre enfin, et ils ne pardonnaient pas à leur bru. Lui, les écoutait, pas méchant, faible seulement et égoïste. Durant mes couches, il me trompait avec une chanteuse de café-concert : je le sus pendant que je nourrissais; j'en manquai mourir et te perdre... C'est banal encore?... Attends!... Tu avais un an quand il fut promu commandant. On fêta sa promotion. Ce soir-là, quand il revint du punch de la garnison, il me confessa ses regrets de m'avoir épousée. Maintenant, me dit-il, il pourrait trouver une riche héritière ! Je sentis que j'allais le haïr ; mais il était gris, peut-être ? Le lendemain, je lui fis des reproches. Ses parents me donnèrent tort ; je me révoltai, et, devant eux, à table, il me lança un soufflet. Et je le pris en haine...

RENÉ, *à monsieur Blaisy qui veut partir.*

Je vous en prie, mon père, restez là...

MADAME BLAISY.

Mais on ne hait pas longtemps, à cet âge ! Il fut malade gravement. Je le soignai ; je le sauvai. On nous réconcilia. Six mois se passèrent. Nous avions des querelles fréquemment, où repassaient des échos de sa première insulte. Il me trompait chaque jour davantage. Je lui passai les filles, mais je refusai de recevoir la femme d'un de ses collègues, sa maîtresse. Il me battit et ce fut fini. Il m'abandonna tout à fait. Eh bien, René, ce fut ma période la plus heureuse ! Je t'avais pour me consoler... Vint enfin le jour où il me présenta Bricey qu'il installa chez nous, à demeure. Bricey m'aima, mais sans me le dire ; il respectait la maison de ton père. Je l'aimai aussi, mais je t'avais : j'étais forte ! Un jour, Bricey changea de régiment, et je vécus deux ans avec son souvenir, dans une tristesse douce. Au bout de ces deux ans, il nous rejoignit à Fontainebleau, nommé encore dans le même régiment que ton père. Tu avais grandi, tu m'occupais moins; j'avais vingt-trois ans, je n'avais pas encore connu le bonheur, et, mon mari détaché au camp de Châlons, j'étais seule, enfin... *(Elle pleure.)* Lui, il était... A quoi bon ? Je ne veux pas m'excuser !... Je résistai longtemps, et, un jour que j'étais plus malheureuse,... il me prit... *(Mouvement de René vers sa mère. Elle ne le voit pas.)* Quelques jours après, on l'envoya en Afrique... Il y fut tué. Je pris le deuil... Quand mes parents moururent, je voulus me faire libre, afin de te sauver ce dont j'avais hérité; mais mon mari avait découvert les lettres de Bricey et les miennes que Bricey m'avait renvoyées d'Algérie, avant de mourir à l'hôpital. Ton père savait tout, tellement séparé de moi d'ailleurs, depuis des temps, que l'outrage ne l'irrita guère. Seulement, comme je ne voulais pas que le nom de l'homme que j'aimais figurât au procès, à cause de toi, plus tard; comme je voulais ravoir ses lettres; comme enfin ton père autant que moi désirait le divorce, je signai, prête à tout, la convention dont il t'a parlé... Voilà, René ! Juge-moi, maintenant. Je les ai, tu sais, les lettres qui me trahirent... Toutes !... Et tu pourras les lire !... *(Elle cache sa tête dans ses mains et sanglote.)*

RENÉ, *s'avançant vers elle.*

Maman ! *(A son père.)* Vous n'avez rien à dire pour votre défense ? *(Monsieur Blaisy ne répond pas et sort.)* Alors... adieu, mon père !

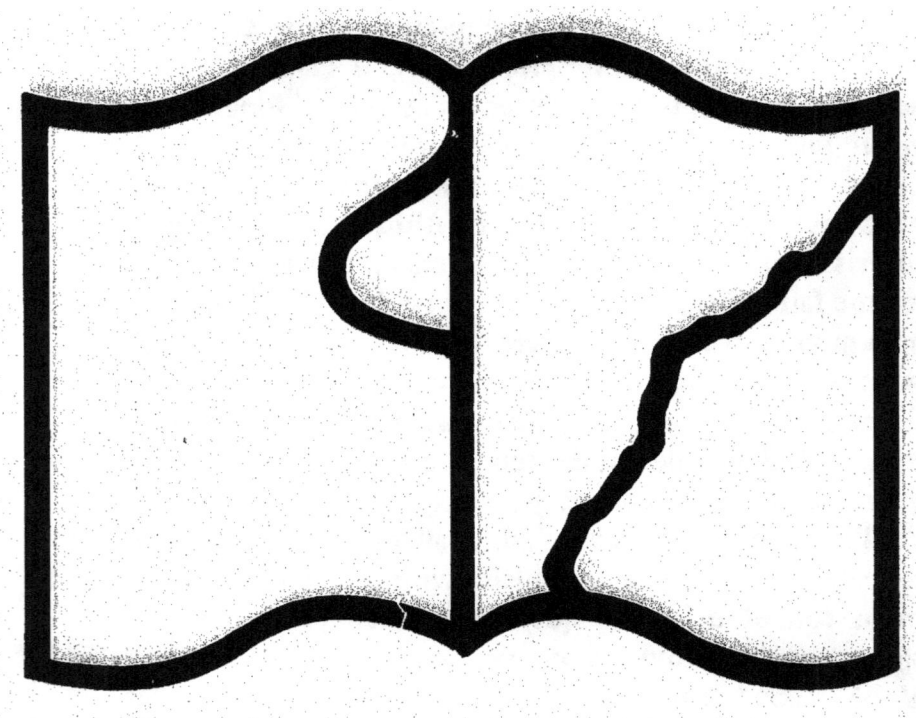

Texte détérioré — reliure défectueuse
NF Z 43-120-11

SCÈNE V

MADAME BLAISY, RENÉ.

RENÉ, *s'agenouillant et prenant les deux mains de sa mère.*
Pardon, maman !... Pardon !

RIDEAU

Paris. — Imp. A. LEMERRE, 25, rue des Grands-Augustins.

BIBLIOTHÈQUE CONTEMPORAINE

VOLUMES IN-18 JÉSUS, IMPRIMÉS SUR PAPIER VÉLIN

Chaque volume : 3 fr. 50

PAUL ARÈNE	Vingt jours en Tunisie	1 vol.
BARBEY D'AUREVILLY .	Une Histoire sans nom	1 vol.
—	Ce qui ne meurt pas	1 vol.
—	Premier Memorandum	1 vol.
ÉMILE BERGERAT . . .	Le Livre de Caliban	1 vol.
—	Figarismes de Caliban	1 vol.
PAUL BOURGET	Psychologie contemporaine	2 vol.
—	Études et Portraits	2 vol.
—	L'Irréparable	1 vol.
—	Pastels	1 vol.
—	Cruelle Énigme	1 vol.
—	Un Crime d'amour	1 vol.
—	André Cornélis	1 vol.
—	Mensonges	1 vol.
—	Le Disciple	1 vol.
—	Physiologie de l'amour moderne . .	1 vol.
ADOLPHE CHENEVIÈRE .	Secret Amour	1 vol.
—	Contes indiscrets	1 vol.
—	Contes d'Amour	1 vol.
FRANÇOIS COPPÉE . .	Contes en prose	1 vol.
—	Vingt contes nouveaux	1 vol.
—	Contes Rapides	1 vol.
—	Henriette	1 vol.
—	Toute une Jeunesse	1 vol.
PHILIPPE CHAMPION . .	Histoires tragiques et Contes gais .	1 vol.
—	Mademoiselle Vermont	1 vol.
—	Argine Laviral	1 vol.
—	Bon-Repos	1 vol.
—	Justice humaine	1 vol.
A. DAUDET	Les Femmes d'artistes (Éd. Guillaume)	1 vol.
—	— (Éd. ordinaire) .	1 vol.
—	L'Immortel (Éd. Guillaume) . . .	1 vol.
—	(Éd. ordinaire) . . .	1 vol.
FERDINAND FABRE . . .	Ma Vocation	1 vol.
PAUL HERVIEU	Les Yeux verts et les Yeux bleus .	1 vol.
—	L'Alpe Homicide	1 vol.
—	L'Inconnu	1 vol.
—	Deux Plaisanteries	1 vol.
ANDRÉ THEURIET . . .	Péché Mortel	1 vol.
—	Bigarreau	1 vol.
—	Les Œillets de Kerlaz	1 vol.
—	Amour d'Automne	1 vol.
—	Deux Sœurs	1 vol.
—	L'Oncle Scipion Maginel	1 vol.
ALFRED DE VIGNY . . .	Cinq-Mars	1 vol.

Paris. — Imp. A. LEMERRE, 25, rue des Grands-Augustins.

www.ingramcontent.com/pod-product-compliance
Lightning Source LLC
Chambersburg PA
CBHW060517050426
42451CB00009B/1027